BEI GRIN MACHT SICH IHR WISSEN BEZAHLT

AF144664

- Wir veröffentlichen Ihre Hausarbeit, Bachelor- und Masterarbeit

- Ihr eigenes eBook und Buch - weltweit in allen wichtigen Shops

- Verdienen Sie an jedem Verkauf

Jetzt bei www.GRIN.com hochladen und kostenlos publizieren

Bibliografische Information der Deutschen Nationalbibliothek:

Die Deutsche Bibliothek verzeichnet diese Publikation in der Deutschen National-
bibliografie; detaillierte bibliografische Daten sind im Internet über http://dnb.d-
nb.de/ abrufbar.

Impressum:

Copyright © 2019 GRIN Verlag
Druck und Bindung: Books on Demand GmbH, Norderstedt Germany
ISBN: 9783346026255

Dieses Buch bei GRIN:

https://www.grin.com/document/501380

Klaus Robra

Rettung durch Diktatur? Über Wege und Irrwege zum Reich der Freiheit

GRIN Verlag

GRIN - Your knowledge has value

Der GRIN Verlag publiziert seit 1998 wissenschaftliche Arbeiten von Studenten, Hochschullehrern und anderen Akademikern als eBook und gedrucktes Buch. Die Verlagswebsite www.grin.com ist die ideale Plattform zur Veröffentlichung von Hausarbeiten, Abschlussarbeiten, wissenschaftlichen Aufsätzen, Dissertationen und Fachbüchern.

Besuchen Sie uns im Internet:

http://www.grin.com/

http://www.facebook.com/grincom

http://www.twitter.com/grin_com

1

Klaus Robra

Rettung durch Diktatur?

Über Wege und Irrwege zum Reich der Freiheit

„Öko-Diktatur? Ja, bitte!" So tönte es neulich aus der linken Ecke, genauer: aus einem Artikel des Wochenblatts ‚Der Freitag' (5/19). Gemeint war im Wesentlichen ein „hartes Eingreifen" durch Tempo-Limits, Flugverbote, Kohleausstieg u.a.m. Nicht diskutiert wurde dabei die Frage, ob eine solche Diktatur unter den herrschenden kapitalistischen Bedingungen überhaupt zu rechtfertigen oder gar wünschenswert ist. Immerhin deuten einige Entwicklungstendenzen darauf hin, dass die kapitalistische Produktionsweise auf natürliche Grenzen stößt, so dass die öko-diktatorische Versuchung immer stärker werden könnte. Dazu schreibt *Mario Candeias* schon im Jahre 2008: „Damit werden die Grenzen des Kapitalismus deutlich. Insbesondere seine fossilen Grundlagen werden rasch knapper und teurer. Die ökonomisch „sinnvoll" zu erschließenden Erdölvorräte werden spätestens 2045 aufgebraucht sein. Die Kohlereserven reichen noch etwa 120 Jahre, Erdgas und Uran knapp 50 Jahre. Energiesparende Sanierungspolitik, Stadtbau der kurzen Wege, regionalisiertes Wirtschaften reichen nicht aus, wenn nicht die gesamte Produktionsstruktur, die Praxis und Kultur des Konsumismus und die Ökonomie der Autogesellschaft umgewälzt werden."[1] Genau dies aber dürfte unter kapitalistischen Vorzeichen kaum möglich sein, so dass zu befürchten ist: „Unsere Zukunft könnte so aussehen: In stark ungleichen Gesellschaften schirmen sich die herrschenden und vermögenden Gruppen militärisch-polizeilich in privatisierten (Macht)Räumen autoritärer Öko-Diktaturen ab. Der Rest der Weltbevölkerung fristet in einer zerstörten Umwelt sein Dasein." (ebd.)

Womit Candeias andeutet, dass die Öko-Krise keineswegs die einzige Zumutung ist, mit der wir Heutigen zu kämpfen haben. Neben der zweifellos um sich greifenden Öko-Katastrophe sehe ich folgende Bedrohungen:

1. den neoliberalen Turbo-Kapitalismus, der weltweit die sozialen Ungleichheiten und Gegensätze zunehmend verschärft,
2. die Digitalisierung, die in eine „Digitale Diktatur"[2] umzuschlagen droht,

---

[1] M. Candeias: *Die Natur beißt zurück. Kapitalismus, ökologische Marktwirtschaft und Krise*, in: https://www.linksnet.de/artikel/23593
[2] Vgl. u.a.: Stefan Aust / Thomas Ammann: *Digitale Diktatur. Totalüberwachung, Datenmissbrauch, Cyberkrieg*, Berlin 2014

3. den Transhumanismus. Künstliche Intelligenz, Big Data und Digitalisierung können weltweit zur Verstetigung kapitalistischer Herrschaft missbraucht werden[3],

4. den Posthumanismus. In der „Singularität" des Jahres 2045 gibt, wie *Ray Kurzweil* erklärt, die Menschheit sich selbst auf zu Gunsten superintelligenter, tendenziell unsterblicher Roboter.[4]

Meine Antwort auf diese bedrohlichen Szenarien ist bekannt. Sie lautet: **Demokratischer Öko-Sozialismus!** [5] Wobei leider der Begriff Sozialismus Erinnerungen an eine andere Form der Diktatur wachruft, mit der die Menschheit bittere Erfahrungen gemacht hat: die „Diktatur des Proletariats". Ein Begriff, den Marx und Engels in Umlauf gebracht haben, auch wenn sie selbst ihn nur relativ selten überhaupt benutzt haben. Jedenfalls behauptete Friedrich Engels 1891 in seinem Vorwort zu einer Neuausgabe von Marx' Werk *Der Bürgerkrieg in Frankreich*, die Pariser Commune habe 1871 das verwirklicht, was Marx unter der „Diktatur des Proletariats" verstanden habe. Was ist davon zu halten? Marx selbst schreibt über die Pariser Commune: „Ihr wahres Geheimnis war dies: Sie war wesentlich eine **Regierung der Arbeiterklasse,** das Resultat des Kampfs der hervorbringenden gegen die aneignende Klasse, die endlich entdeckte politische Form, unter der die ökonomische Befreiung der Arbeit sich vollziehen konnte." [6] Von „Diktatur des Proletariats" ist aber in Marxens Text nirgendwo die Rede. Was m.E. kein Zufall war. Denn während der Pariser Commune wurden in den Stadtbezirken von Paris auf Grund des Allgemeinen Stimmrechts *Stadträte* gewählt, in denen die Arbeiter keineswegs immer in der Mehrzahl waren. Es waren jederzeit abwählbare, verantwortliche Stadträte, mit der Besonderheit, dass diese Regierung und Parlament, mithin Exekutive und Legislative zugleich bilden sollten. Beamte, natürlich auch die der Justiz, sollten fortan nicht besser als Arbeiter bezahlt werden.

Marx selbst verstand diese neue Regierungsform keineswegs als endgültig, sondern als *Zwischenlösung in einem Übergangsstadium.* Er schreibt nämlich: „Die Kommune beseitigt nicht den Klassenkampf, durch den die arbeitenden Klassen die Abschaffung aller Klassen ... erreichen wollen ... Sie vertritt die Befreiung der „Arbeit"

---

[3]Hierzu: Arnsburg, René: *Maschinen ohne Menschen? Industrie 4.0: Von Schein-Revolutionen und der Krise des Kapitalismus*, Berlin 2017, und: Schnetker, Max Franz Johann: *Transhumani-stische Mythologie. Rechte Utopien einer technologischen Erlösung durch künstliche Intelligenz*, Münster 2019

[4] Vgl. K. Robra: *Künstliche Intelligenz – Fluch oder Segen der Menschheit?* München 2019

[5] K. Robra: *Neue Wege zu einem Demokratischen Öko-Sozialismus. Eine konkrete Utopie*, München, GRIN-Verlag 2018

[6] Karl Marx: *Bürgerkrieg in Frankreich*, MEW 17, 342

3

... , aber sie schafft das rationelle Zwischenstadium, in welchem dieser Klassenkampf seine verschiednen Phasen auf rationellste und humanste Weise durchlaufen kann."[7] Als *Zwischenstadium* also und: „auf rationellste und *humanste* Weise"!

In all diesen Bestimmungen und Merkmalsbeschreibungen vermag ich nicht diejenigen eines Zentralismus oder gar einer Diktatur zu erkennen. Vielmehr stellt sich die Frage, ob nicht die Engelssche Zuschreibung „Diktatur des Proletariats" zur Pariser Commune zu den Fehlentwicklungen im „real existierenden Sozialismus" des 20. Jahrhunderts beigetragen hat. Eine Frage, die sich mit wenigen Sätzen nicht beantworten lässt. Ebenso wenig wie die Frage, in welchem Maße *Lenin* den Diktatur-Begriff von Marx und Engels missverstanden hat. Letztere hätten den blutigen Staatsterror, den Lenin, Stalin, Mao-Tse-Tung u.a. im Namen des Proletariats systematisch eingesetzt haben, sicherlich ebenso wenig gebilligt wie deren Verstetigung ihrer Diktatur *über* das Proletariat.

An Literatur hierüber mangelt es nicht. Statt hierauf erneut einzugehen, möchte ich im Folgenden – exemplarisch, aber nicht extensiv – darzustellen versuchen, welche Entwicklungen einer Diktatur gegenwärtig zu beobachten sind, nämlich in der Volksrepublik China, die sich selbst nach wie vor als „sozialistisch" bezeichnet, wobei der aktuelle Präsident Xi Jinping sich ausdrücklich auf die Tradition „von Marx bis Mao" beruft und die Wirtschaftsform seines Landes eine „sozialistische Marktwirtschaft" nennt. – Hinsichtlich der Umwelt-Politik der KP Chinas erreichen uns widersprüchliche Berichte. Einerseits hält China – im Gegensatz zu den USA – an dem Pariser Klimaabkommen von 2015 fest und fördert demgemäß den Einsatz Erneuerbarer Energien, forciert aber andererseits immer noch den Kohle-Verbrauch und damit den CO_2-Ausstoß, den man erst nach 2030 deutlich senken will. Dazu heißt es in einem taz-Artikel vom 23.1.2019: „Kein Land der Welt investiert so viel Geld in erneuerbare Energien wie China. 2017 flossen global rund 200 Milliarden US-Dollar in neue Solarzellen, Windparks, Wasserkraftwerke oder Biomasseanlagen – 45 Prozent davon in China.

Doch das ist nur die halbe Geschichte. Ein neuer Report des Institute for Energy Economics and Financial Analysis (IEEFA) zeigt, dass China auch den weltweiten Ausbau von Kohlekraftwerken maßgeblich finanziert." [8] Wobei zu beachten ist, dass China derzeit mit ca. 10 Milliarden Tonne Kohle jährlich für ca. ein Drittel des weltweiten Verbrauchs verantwortlich ist. Dies in merkwürdigem Widerspruch zu

3

[7] K. Marx a.a.O. S. 545 f. Hierzu auch: Michael Jäger: *Der Parlamentarismus ist kein Notbehelf.* https://www.freitag.de/autoren/michael-jaeger/5-der-parlamentarismus-ist-kein-notbehelf, S. 2 ff.
[8] Ingo Arzt: *China investiert enorm in die Kohle.* https//www.taz.de/Kohlekraftwerke-weltweit-im-Bau/5564169/

den umweltpolitischen Erfolgen, die China vorzuweisen hat, so bei der Smog-Bekämpfung in den Ballungsräumen, dem massiven Ausbau der Elektro-Mobilität, dem Verbot von Müllimporten u.a.m. (s.o.). Zwar soll die Abhängigkeit von Kohlekraftwerken von 64% im Jahre 2015 auf 58% im Jahre 2020 reduziert werden, doch ist dies relativ wenig angesichts der Ankündigung Xi Jinpings, man wolle auf die bisherigen Wachstumsziele zu Gunsten einer *nachhaltigen Entwicklung*" verzichten.

An dieser Stelle kann gefragt werden, inwieweit die genannten Fakten und Zahlen auf westliche und speziell deutsche Verhältnisse übertragbar sind. Ein paar Beispiele: Smog-Probleme hat es in gleichem Ausmaß wie in China bei uns nie gegeben, weil es die Kohle-Verbrennung zwar auch hierzulande, aber niemals wie in China gegeben hat. Und: Wie sollte man in China bis ca. 2038 den vollständigen Kohle-Ausstieg bewerkstelligen können, wie er in Deutschland stattfinden soll?

Außerdem ist zu bedenken, dass die Umweltpolitik in China vollständig von der KP kontrolliert wird – ein Umstand, der in unserer Gesellschaft wohl niemals auf eine mehrheitliche Zustimmung treffen würde. Zumal auch der ganz andere politische und ideologische Rahmen zu berücksichtigen ist, in dem in China der sehr schwierige Spagat von Ökologie und Ökonomie versucht wird, so dass es geboten erscheint, die Geschichte der KP Chinas heranzuziehen, was mir hier jedoch nur in begrenztem Maße möglich ist. D.h.: Ich muss mich mit einigen wesentlichen Aspekten der jüngsten Entwicklung seit der Machtübernahme durch Xi Jinping im Jahre 2013 begnügen.

Der jetzt 66 Jahre alte Machthaber ist inzwischen zum Alleinherrscher auf Lebenszeit aufgestiegen. Er beruft sich ausdrücklich auf die kommunistische Tradition „von Marx bis Mao" (s.o.). Zugleich gibt er an, die herkömmliche Familie stärken und endlich die Sicherheit im Lande garantieren zu wollen. Wozu man sich ein Überwachungssystem der besonderen Art ausgedacht hat, in dem mit hochmodernen Medien, Big Data und Künstlicher Intelligenz gearbeitet wird. Letztere, die KI, ermöglicht es angeblich inzwischen schon, jede Einzelperson binnen 1 Sekunde per Gesichtserkennung zu identifizieren, und dies bei einer Einwohnerzahl von ca. 1,4 Milliarden! Darüber hinaus wird gegenwärtig ein sogenanntes „Sozialkredit-System" eingeführt, wobei ‚Kredit' nicht nur finanzielles, sondern auch *allgemeines* „Vertrauen" bedeutet. Demnach erscheint jede Person entweder auf einer roten oder einer schwarzen Liste, wozu es in einem Interview in ‚Cicero online' heißt: „Auf den roten Listen sind Bürger oder Unternehmen zu finden, die sich nach den Maßstäben der chinesischen Regierung durch besonders soziales Verhalten hervorgetan haben, beispielsweise Freiwilligen-Dienste geleistet oder Geld gespendet haben. Auf den schwarzen Listen befinden sich Bürger oder Unternehmen, die nach Regierungsmaßstäben durch besonders unsoziales oder illegales Verhalten aufgefallen sind."[9]

In Wirklichkeit handelt es sich um ein System der totalen Kontrolle und Überwachung, eine Art modernes *1984*, das allerdings – erstaunlicherweise – anscheinend von den meisten Chinesen nicht als solches empfunden wird. Laut Umfragen beurteilen ca. 80% der befragten Chinesen das neue System sogar als positiv. Grund hierfür: Viele Leute versprechen sich von dem System Vergünstigungen, die ihnen bislang verweigert wurden, z.B. Zug- und Flugtickets, Geldkredite u.a.m. Der Haken bei der Sache: Man erfährt zwar in regelmäßigen Abständen den eigenen Punktestand, nicht jedoch die Gründe, warum einem mehr oder weniger Punkte zugeteilt wurden. Umso erstaunlicher ist die hohe Akzeptanz für dieses hocheffiziente System des Gläsernen Menschen (s. Fußnote Nr. 9!).

Den einzigen Vorteil dieses Systems sehe ich darin, dass in ihm die Künstliche Intelligenz anscheinend unter Kontrolle gehalten wird; dies im Gegensatz zu den wilden Phantastereien von Super-Intelligenz, „Singularität" und Unsterblichkeit, die man z.B. im Silicon Valley mit der KI verbindet.

Aber weder hier noch in China ist eine „Ethik der Verhaltenssteuerung" zu erkennen, wie sie der Physiker *Christoph von der Malsburg* angesichts der Bedrohungen durch die KI gefordert hat (s.u.). Man könnte annehmen, es gehe der KP Chinas um die lückenlose Durchsetzung der von *Kant* bemühten „Allgemeinen Gesetzgebung". Was jedoch nicht der Fall ist. Denn offensichtlich geht es der KP Chinas vorrangig darum, ihre *gesetzgeberische Allmacht* zu zementieren; und nicht, wie bei Kant, darum, auf Grund der Allgemeinen Gesetzgebung die Freiheit und die Würde der Person zu gewährleisten. Im Gegenteil: Freiheit und Würde der Person bleiben auf der Strecke. (Woran auch die Tatsache nichts ändert, dass der chinesische Rechtsprofessor *Feng Xiang* neuerdings angeblich verkündet, KI werde „das Ende des Kapitalismus einläuten" und eine „digitale Planwirtschaft" ermöglichen.[10])

Jedenfalls lässt sich aus dem rotchinesischen Modell keine neue Synthese aus Ökologie und Sozialismus, kein neuer Begriff des Öko-Sozialismus gewinnen. Möglichkeiten hierfür habe ich in meiner

---

[9] *„Viele empfinden die Daten-Überwachung als praktisch"*. Interview mit Genia Kostka vom 24.7.2018. https://www.cicero.de/.../Sozialkreditsysteme-china-ueberwachung-staat-vertrauen-markt-unternehmen-kredite

[10] Vgl. Adrian Lobe: *Macht uns der Computer zu Kommunisten? – Big Data lässt den linken Traum der Planwirtschaft wiederaufleben.* In: ‚Neue Zürcher Zeitung' vom 14.8.2019. https://www.nzz.ch/feuilleton/lassen-sich-maerkte-steuern-big-data-bringt-planwirtschaft-zurueck-ld.1500040, S. 3

Arbeit über Demokratischen Öko-Sozialismus dargestellt (s. Fußnote Nr. 5). Nachzuliefern bleibt mir jedoch eine *ethische Fundierung* im Sinne der erwähnten Ethik der Verhaltenssteuerung.

Wie sehr die Künstliche Intelligenz zum Problem geworden ist, lässt sich der Bewertung entnehmen, die Christoph von der Malsburg in einem Video auf Youtube vorgetragen hat. Demnach ist das Grundproblem der KI technologisch, also mit den Mitteln der Technik, überhaupt nicht lösbar. Daher fordert von der Malsburg eine neue „Ethik der Verhaltenssteuerung". Ethik der Verhaltenssteuerung, das heißt: Es müssten klar ethische Maßstäbe für jegliches Handeln, auch und gerade gegenüber der Künstlichen Intelligenz, gefunden werden. Erstaunlich finde ich nun Folgendes: Dass nämlich eine solche neue Ethik sich durchaus auch aus der philosophischen Tradition ableiten lässt. Daher bitte ich um Verständnis dafür, dass ich nunmehr zunächst kurz auf Immanuel Kants Kategorischen Imperativ eingehe, zumal hieraus nicht nur gegenüber der KI, sondern auch für die Begründung einer neuen Synthese aus Sozialismus und Ökologie, eines neuen Öko-Sozialismus, Kriterien zu gewinnen sind.

Kategorischer Imperativ – wertphilosophisch interpretiert

Kant geht von der Tatsache aus, dass wir Menschen einen freien Willen haben. Die Evolution in Natur und Kultur hat uns gelehrt, was für uns zuträglich oder schädlich, gut oder schlecht ist. Das nennt Kant die „Maxime des Willens" und meint damit den subjektiven, persönlichen Maßstab für Moral und Sittlichkeit. Dieser Maßstab fällt jedoch stets individuell unterschiedlich aus und kann daher nicht allgemein verbindlich sein, nicht Maßstab für den objektiv erforderlichen Rechtszustand. Einen objektiven, intersubjektiv gültigen Maßstab findet Kant erst in dem, was er die „Allgemeine Gesetzgebung" – unter Einschluss der Naturgesetzlichkeit – nennt. Wie ist das zu verstehen und was folgt daraus?

Als Kategorischen Imperativ bezeichnet Kant eine Forderung, mit der man einen Anspruch auf unbedingte Gültigkeit erhebt. Dieser Imperativ lautet in der Grundformel: **„Handle so, dass die Maxime Deines Willens jederzeit zugleich als Prinzip einer allgemeinen Gesetzgebung gelten könne."** Und in der sogenannten *Selbstzweckformel* lautet er: **„Handle so, dass Du die Menschheit, sowohl in Deiner Person als in der Person eines jeden anderen, jederzeit zugleich als Zweck, niemals bloß als Mittel brauchst."** Wobei Kant hier das Wort ‚brauchen' im Sinne von ‚gebrauchen' verwendet. Mit dem Ausdruck ‚Maxime Deines Willens' meint Kant, wie gesagt, die *persönlichen Handlungsregeln und Moralvorstellungen*, über die jeder Mensch, genauer: jede zurechnungsfähige Person, verfügt. Und diese individuelle Norm soll laut der Grundformel des

Kategorischen Imperativs beim Handeln „jederzeit zugleich als Prinzip einer allgemeinen Gesetzgebung gelten" können.

Wie soll das möglich sein? Heißt das etwa, dass ich meine eigene Norm jederzeit zum Allgemeinen Gesetz erheben soll? Daraus würde meines Erachtens nichts allgemein Verbindliches, sondern ein chaotisches Durcheinander, ein ständiger Kampf aller gegen alle entstehen. Nein, Kant meint etwas ganz Anderes. Denn mit dem „allgemeinen Gesetz" meint er stets zugleich das *Sittengesetz*. Das Sittengesetz verlangt, dass unbedingt nicht nur der eigene Wille, sondern auch derjenige unserer Mitmenschen, d.h. aller „vernünftigen Wesen", zu respektieren ist. Dies ist zugleich der Respekt vor der Person bzw. Persönlichkeit jedes Menschen. Als vernünftige Person hat der Mensch nicht nur seinen Selbstzweck in sich, so dass er sich selbst Zwecke setzen darf; er hat sogar unbedingten „inneren Wert, d. i. *Würde*". Eindrucksvoll bestätigt wird diese Auffassung vom Selbstzweck jedes Individuums durch die Ergebnisse der modernen Gen-Forschung. Genetischer Code und DNA bestimmen die Individualität in höchster Komplexität, bis hin zu den neuronalen Kombinationsmöglichkeiten des Gehirns, die weder überschaubar noch mathematisch erfassbar sind.

Im Übrigen impliziert das Sittengesetz auch die *Gleichheit vor dem Gesetz* und die „*Achtung fürs Gesetz*"; was der Grund dafür sein dürfte, dass Kant in der Formulierung des Kat. Imp. nicht den Begriff ‚Sittengesetz', sondern den der ‚allgemeinen Gesetzgebung' verwendet.

Insgesamt gesehen ergänzen sich die Formulierungen des Kat. Imp harmonisch zu einer keineswegs bloß normativen *Wertethik*. Der Wert gibt hier den Ausschlag, nicht die bloße Norm. Kants sogenannte „Pflicht- und Sollensethik" entpuppt sich bei näherer Betrachtung als *Wertethik*.

Die allerdings der Korrektur und der Erweiterung bedarf. Wobei wohl zur Ehrenrettung Kants anzumerken ist, dass er ja nicht über die immensen Wissenshorizonte verfügen konnte, welche die Menschheit in gemeinsamer Anstrengung seit Beginn des 19. Jahrhunderts erworben hat. (Kant starb bekanntlich 1804!) Nicht anzukreiden sind ihm also einige Mängel seines Person-Begriffs angesichts neuerer Erkenntnisse, z.B. auf den Gebieten der Soziologie, der Psychologie und der Hirnforschung. Alles Denken wird von Gefühlen begleitet. Das Unterbewusste beeinflusst oft in ausschlaggebender Weise unsere Entscheidungen. Auf Verstand und Vernunft allein kann man sich nicht verlassen.

8

Umgekehrt gilt aber auch Folgendes: Es gibt keinerlei Garantie dafür, dass die tief im Unterbewussten und Körperlichen verankerten Neigungen automatisch das Gute bewirken, für das wir normalerweise schon aus Gründen der Selbsterhaltung – spontan oder nach mehr oder weniger reiflicher Überlegung – uns zu entscheiden bereit sind. Wobei es natürlich nicht nur um uns selbst, um unser eigenes Person-Sein geht, sondern ebenso um dasjenige unserer Mitmenschen.

Verständlich machen und sogar wissenschaftlich bestätigen lässt sich jedenfalls, warum Kant es für ausgeschlossen hielt, Ethik auf Neigungen gründen zu können.

Einzigartig ist Kants Ethik u.a. deshalb, weil in und mit ihr erstmals die als unbedingt erkannte Würde der Person nicht nur moralphilosophisch, sondern auch rechtlich und politisch begründet und gesichert wird, was u.a. sogar bereits ein *Petitionsrecht* verbürgt: Auf Grund des Vergleichs von subjektiver Maxime und allgemein gültiger Gesetzgebung können Gesetzeslücken erkannt werden, deren Schließung die Einzelperson gegebenenfalls vom Staat verlangen kann.

Es sind Bestimmungen, die Kants Auffassung vom „absoluten", d.h. *unbedingten* Eigenwert der Person, ihrem *Selbstzweck*, vollauf bestätigen; woraus sich problemlos auch die Prinzipien der Menschenwürde, der Rechtsstaatlichkeit und der Gewaltenteilung als unentbehrlich und unabdingbar ableiten lassen.

Darüber hinaus lässt Kants Ethik sich erstens mit dem Marxismus verbinden und zweitens zu einer neuen Öko-Ethik erweitern. Was ich allerdings für ausschlaggebend und für die Grundlage meines Vorschlags einer neuen Synthese von Sozialismus und Ökologie halte. Das geht folgendermaßen: In einer seiner Frühschriften fordert *Karl Marx*, den **„kategorischen Imperativ, alle Verhältnisse umzuwerfen, in denen der Mensch ein erniedrigtes, ein geknechtetes, ein verlassenes, ein verächtliches Wesen ist".** Marx erhebt diese Forderung allerdings nicht nur „aus Gründen verletzter Moralität", wie ein Kritiker behauptet, sondern in gesellschafts-kritischer, revolutionärer Absicht. Durch den Bezug auf den quasi allumfassenden Objektbereich der „Verhältnisse" verliert der Kantsche Person-Begriff seine latent anthropozentrische Begrenztheit. Auch die von Menschen verursachten Umwelt-Katastrophen, Misshandlung von Tieren, Naturverachtung u.a.m. erniedrigen den Menschen, verletzen sein Ehr- und Selbstwertgefühl und sein Recht auf ein menschenwürdiges Leben. – Marx nimmt dagegen schon das vorweg, was *Hans Jonas* (1903-1993) den „ökologischen Imperativ"

9

genannt hat, nämlich: „**Handle so, dass die Wirkungen deiner Handlungen verträglich sind mit der Permanenz echten menschlichen Lebens auf Erden!**".[11] Damit wird *Nachhaltigkeit*, insbesondere beim Verbrauch von Ressourcen, eingefordert.

Natur-, Tier- und Öko-Ethik lassen sich mittelbar aus dem Kategorischen Imperativ, unmittelbar aus dem Eigenwert der Natur ableiten. Die Allgemeine Gesetzgebung, von der im Kategorischen Imperativ die Rede ist, bezieht sich selbstverständlich auch auf die *Natur-Gesetzlichkeit*. Wer die Natur zu stark belastet, z.b. durch $CO/2$, oder den Naturzusammenhang gänzlich zerstören will, wie in der KI-Singularität des Jahres 2045, stellt das Öko-System als Ganzes zur Disposition. – Als Hauptkriterium für die Öko-Ethik nennt *Klaus Sojka* die „Verträglichkeit mit der Lebenseinheit" und erklärt speziell zur Tier-Ethik: „Das bedeutet: Die zur Pflicht erhobene Selbst-erhaltung gebietet die Erhaltung der in Gemeinschaft mit dem Menschen lebenden Tiere jedweder Art und Beschaffenheit, ferner den Verzicht auf den Verbrauch vorhandener Stoffe, sofern er nicht unbedingt zur Notbedarfs-Deckung erforderlich ist. Die vorder-gründigen Maßnahmen bewirken, Beeinträchtigungen von Lebewesen jedweder Erscheinungsform, insbesondere durch Quälerei, Verstümmelung oder Vernichtung abzuwenden, weil sie als Teil der Einheit und Schicksalsgemeinschaft Solidarität beanspruchen."[12] –

Jedermann muss sich fragen, ob sein/ihr Verhalten sich nützlich, schädlich oder neutral auf Natur und Umwelt auswirkt. Alles Schädliche muss vermieden werden.

Unter dieser Voraussetzung halte ich es für möglich, die Ethik der Person durch eine Ethik der Natur zu ergänzen, wofür ich eine *Naturformel des Kategorischen Imperativs* vorgeschlagen habe, in der die Tatsache berücksichtigt wird, dass im Umgang mit der Natur *legitime Interessenabwägungen* erforderlich sein können. Es ist eine Formel, die nicht die noch im Gange befindlichen Diskussionen über (mögliche) Rechte der Natur, der Umwelt, der Tier- und Pflanzenwelt (Natur-, Öko-, Tierrechte) präjudizieren kann oder soll. Sie lautet:

Verhalte Dich so, dass Du die Natur in jeder Person und in jeder anderen Erscheinungsform stets als Zweck – und als Mittel nur zu ethisch begründbaren und moralisch vertretbaren Zwecken – behandelst.

---

[11] Jonas, Hans 1979: Das Prinzip Verantwortung. Versuch einer Ethik für die technologische Zivilisation, Frankfurt a.M., S. 36

[12] Klaus Sojka: *Öko-Ethik*, Göttingen 1987, S. 59

Wenn nun zu klären ist, welche konkreten Rechte sich mit dieser neuen Formel begründen lassen, stellt sich die Frage nach der Legitimierung entsprechender gesetzgeberischer Maßnahmen. Was ist legitim? Rechtspositivistisch zweifellos das aktuelle geschriebene und gesprochene Recht. Und in Fällen staatlicher Willkür? Oder gar in Unrechtsstaaten? Da hilft zunächst wohl nur die naturrechtliche Anerkennung des *Eigenwerts der Natur* und des *Selbstzwecks der Person*, die auch in Kants Zweckformel des Kategorischen Imperativs enthalten ist, wozu meine *Naturformel* lediglich als *Ergänzung* dient.[13]

Folgerungen

Diktatur in jedweder Form kann weder Ziel noch Mittel eines Demokratischen Öko-Sozialismus sein. Hierfür sehe ich im Wesentlichen drei Gründe:

1. Diktatoren missachten die Würde des Menschen, deren Wahrung eines der Hauptziele und -inhalte des Demokratischen Öko-Sozialismus ist.
2. Zur Würde des Menschen gehört auch seine Unvollkommenheit. „Nobody is perfect." „Es irrt der Mensch, solang' er strebt." Jeder Mensch ist ein fehlbares Wesen.
3. „Auch Konzilien können irren." Es gibt kein unfehlbares Leitungs-/Führungs-Gremium.

Das *Reich der Freiheit*, von dem Karl Marx sprach, kann nicht auf diktatorischem Weg herbeigeführt werden. Es gibt jedoch andere, demokratische Mittel und Wege, die ein Reich der Freiheit in einer „freien Assoziation freier Individuen" ermöglichen können.

---

[13] Vgl. K. Robra: *Person und Materie. Vom Pragmatismus zum Demokratischen Öko-Sozialismus*, München, GRIN-Verla 2017, S. 133 ff.

BEI GRIN MACHT SICH IHR
WISSEN BEZAHLT

- Wir veröffentlichen Ihre Hausarbeit,
  Bachelor- und Masterarbeit

- Ihr eigenes eBook und Buch -
  weltweit in allen wichtigen Shops

- Verdienen Sie an jedem Verkauf

Jetzt bei www.GRIN.com hochladen
und kostenlos publizieren